Zentrum für Militärgeschichte und
Sozialwissenschaften der Bundeswehr

Ortsunabhängiges Arbeiten im Bundesministerium der Verteidigung

Ergebnisse der Umfrage 2022

Gregor Richter

Forschungsbericht 135

Juli 2023

Impressum

Herausgeber: Zentrum für Militärgeschichte und Sozialwissenschaften der Bundeswehr
Verantwortlich für den Inhalt ist der Autor
Anschrift: Zeppelinstraße 127/128, 14471 Potsdam
Tel.: 0331 9714 544
E-Mail: gregorrichter@bundeswehr.org
www.zms.bundeswehr.de

Projektnummer: 7150-01
ISBN: 978-3-941571-56-3
URN: urn:nbn:de:kobv:po79-opus4-6713
DOI: 10.48727/opus4-671

Inhaltsverzeichnis

1 Vorbemerkung

Das Bundesministerium der Verteidigung (BMVg), Referat FüSK III 3, beauftragte das Zentrum für Militärgeschichte und Sozialwissenschaften der Bundeswehr (ZMSBw) am 19.08.2022, eine Befragung zum ortsunabhängigen Arbeiten im BMVg durchzuführen. Aufgabenstellerin ist die Beauftragte für die Vereinbarkeit von Familie und Beruf/Dienst in der Bundeswehr (Abteilung Personal). Mit dem Büro der Aufgabenstellerin wurden das Forschungsdesign und die Forschungsfragen im Vorfeld abgestimmt.

Der vorliegende Bericht gibt die Ergebnisse der im Oktober 2022 durchgeführten Online-Umfrage wieder und ordnet die Befunde ein. Die Studie reiht sich in längerfristig angelegte Begleituntersuchungen zum Themenfeld Digitalisierung und dem damit verbundenen Wandel der Arbeitswelt im Geschäftsbereich des BMVg ein (vgl. Richter/Elbe 2021). Sie steht auch unter dem Eindruck der Corona-Pandemie, die in vielen Bereichen der Wirtschaft und des öffentlichen Sektors zu veränderten Formen der Arbeit geführt (Stichworte: Homeoffice, Remote Work; vgl. Hofmann et al. 2020; Weigelt 2021) und den bereits laufenden Transformationsprozess beschleunigt hat.

Die Ergebnisse wurden im Januar 2023 im BMVg zur internen Auswertung vorgelegt und werden nun nach erfolgter Freigabe als ZMSBw-Forschungsbericht veröffentlicht.

2 Zielsetzung der Studie

Die Beauftragte für die Vereinbarkeit von Familie und Beruf/Dienst in der Bundeswehr (Abteilung Personal) hat als Erlasshalterin der Zentralen Dienstvorschrift A-2645/1 „Telearbeit und mobiles Arbeiten" die Durchführung einer Umfrage unter den Beschäftigten des BMVg über die Nutzung des ortsunabhängigen Arbeitens initiiert. Die Studie soll dazu dienen, Daten zu den Erfahrungen mit dem ortsunabhängigen Arbeiten zu erfassen, auszuwerten und ggf. bestehenden Änderungsbedarf zu identifizieren.

Unter „ortsunabhängigem Arbeiten" wird im Folgenden Telearbeit oder mobiles Arbeiten II, d.h. Arbeiten von zu Hause oder einem anderen geeigneten Ort aus im Unterschied zum Arbeiten im Büro, verstanden. Der Begriff „ortsunabhängiges Arbeiten" geht auf eine mittlerweile außer Kraft gesetzte Vorschrift zurück (B-2645/4 „Ortsunabhängiges Arbeiten"). Der Begriff wurde jedoch als Arbeitsbegriff beibehalten, da er nach wie vor kommunikative Praxis im BMVg und in der Bundeswehr ist. Hinzu kamen sprachökonomische Erwägungen, um die verschiedenen Arbeitsformen von Telearbeit, Homeoffice, Remote Work usw. zusammenzufassen. Nicht zuletzt wird die Bezeichnung „ortsunabhängig" für die neuen Arbeitsformen auch in der Fachliteratur verwendet (siehe z.B. Landes et al. 2020: 4). Die erste Frage im Fragebogen bot den Teilnehmenden eine entsprechende Definition zur Orientierung beim Ausfüllen des Fragebogens an (siehe Tabelle 4.1.1).

Konkret wurden folgende Themen im Fragebogen behandelt:

- Zeitlicher Umfang des ortsunabhängigen Arbeitens, aktuell und vor der Corona-Pandemie
- Umfang der Telearbeit, d.h. falls über den dienstlichen Computer (sogenannte SINA-Workstation) hinaus eine gesonderte IT-Ausstattung für einen Telearbeitsplatz zu Hause vorhanden ist
- Bewertung des ortsunabhängigen Arbeitens in Hinblick auf ausgewählte arbeitsökonomische und -soziologische Faktoren – auch im Vergleich zur Arbeit im Büro im BMVg
- Erreichbarkeit von Angehörigen des BMVg zu den üblichen Bürozeiten in Phasen des ortsunabhängigen Arbeitens und im Büro
- Kommunikation mit ausgewählten Personengruppen in Phasen des ortsunabhängigen Arbeitens und im Büro

- Nutzungshäufigkeit von ausgewählten Kommunikationsmitteln in Phasen des ortsunabhängigen Arbeitens und im Büro
- Wünsche und Erwartungen über den zeitlichen Umfang von ortsunabhängigem Arbeiten in der Zukunft

Das Fraunhofer-Institut für Arbeitswirtschaft und Organisation (IAO) hat in Kooperation mit der Deutschen Gesellschaft für Personalführung (DGFP) in der ersten Phase des Lockdowns im Frühjahr 2020 eine Studie zum Arbeiten in der Corona-Pandemie durchgeführt (Hofmann et al. 2020). Befragt wurden Entscheiderinnen und Entscheider in knapp 500 Organisationen in Deutschland, die unmittelbar Verantwortung für den Bereich Human Resources (HR), Organisationsentwicklung und Gesamtstrategien haben. Teilgenommen haben Unternehmen aus der Privatwirtschaft aller Branchen (78 Prozent) und aus dem öffentlichen Bereich (22 Prozent). Die Ergebnisse geben einen Überblick über die bis Mitte März 2020 nicht vorstellbaren, dann sehr kurzfristig und umfangreich realisierten orts- und zeitflexiblen Arbeitsformen sowie über die Einschätzungen der Experten, ob diese sich nachhaltig auf das Arbeitsleben niederschlagen würden.

Die IAO-Studie wird hier herangezogen, um Arbeitshypothesen in Hinblick auf das vorliegende Datenmaterial der Studie im BMVg zu entwickeln und deren Befunde einzuordnen. Dabei kann es nicht um einen Vergleich im Sinne eines Benchmarkings gehen, denn die Daten wurden zu Beginn der Pandemie erhoben und die Untersuchungseinheit sind Personalverantwortliche und nicht Mitarbeiterinnen und Mitarbeiter einer obersten Bundesbehörde. Die IAO-Studie dient vielmehr als Heuristik, um eine Strukturierung der vier thematischen Ergebniskomplexe in Abschnitt 4 dieses Forschungsberichts zu ermöglichen.

Die Autorinnen und Autoren der IAO-Studie gehen dabei von folgendem Szenario aus: „Die ‚neue Normalität‘, das ‚New Normal‘, [...] wird in einem deutlich höheren Maß von einem Nebeneinander virtueller und im Büro stattfindender Arbeitsformen gekennzeichnet sein“ (Hofmann et al. 2020: 4). Für den Fall des BMVg lassen sich auf dieser Prognose aufbauend folgende Arbeitshypothesen formulieren:

H1: Die Corona-Pandemie hat im BMVg zu einem massiven Schub in Hinblick auf zeitflexible und ortsunabhängige Arbeitsformen geführt.

H2: Die anfangs aus der pandemischen Situation hervorgegangenen Veränderungen der Arbeitsformen haben sich in der postpandemischen Phase fortgeschrieben, d.h. zumindest zeitweises ortsunabhängiges Arbeiten ist heute das „New Normal“ auch im Verteidigungsressort.

Die IAO-Studie stellte fest, dass Potenziale betrieblicher Handlungsfähigkeit in der Krise durch massive Vorbehalte von Führungskräften und Geschäftsführung verschenkt wurden (ebd.: 7). Als Gründe wurden unter anderem „stark haltungs- und kulturbezogene Widerstände" (ebd.: 7) gegen die neuen Arbeitsformen identifiziert. Während eine allzu vereinfachte Positionszuordnung im Sinne von ‚Führungskräfte als Kritiker von Arbeiten auf Distanz' versus ‚Mitarbeitende als Befürworter von Arbeiten auf Distanz' in der Untersuchung von 2020 empirisch nicht belegt werden konnte, so wird für den Fall des BMVg dennoch folgende Tendenzhypothese aufgestellt:

H3: Führungskräfte nehmen die Möglichkeit für ortsunabhängiges Arbeiten im Vergleich zu den anderen Angehörigen des BMVg seltener in Anspruch.

H4: Führungskräfte bewerten das ortsunabhängige Arbeiten in Hinblick auf arbeitsökonomische und -soziologische Faktoren kritischer als die anderen Angehörigen des BMVg.

Der Forschungsstand zu den arbeitsökonomischen Wirkungen von Homeoffice ist uneinheitlich. Manche Untersuchungen wiesen, bereits vor der Pandemie, auf Steigerungen der Produktivität bei ortsunabhängiger Arbeit hin, andere sehen auch negative Effekte (Landes et al. 2020: 28). Die Umfrageforschung kann ökonomische Untersuchungen zur Arbeitsproduktivität nicht ersetzen. Die subjektiven Einschätzungen sowohl bei Führungskräften als auch bei den Mitarbeitenden liefern dennoch Hinweise auf die Auswirkungen neuer Arbeitsformen auf Effektivität und Effizienz der Organisation. Landes et al. resümieren hierzu: „Viele Führungskräfte haben nach wie vor Sorge, dass Mitarbeitende im Home Office weniger produktiv sind als bei der Arbeit im Büro" (ebd.: 51).

Gründe für eine Reserviertheit der Führungskräfte werden der IAO-Studie zufolge auch in einer „Präsenzorientierung" und in „Betreuungseinschränkungen" (Hofmann et al. 2020: 12) lokalisiert. Damit sind neben der ökonomischen Effizienz auch Vorbehalte in Hinblick auf die soziale Effizienz zeit- und ortsflexibler Arbeitsformen angesprochen. Konkret wird z.B. folgender Punkt herausgestellt: „Eine Flexibilisierung des Ortes der Arbeit führt praktisch immer auch zu einer Flexibilisierung und tendenziellen Entgrenzung von Arbeitszeiten" (ebd.: 13). Anders ausgedrückt: „Angestellte arbeiten [...] im eigenen Zuhause eher zu viel, da Ablenkungen weitgehend fehlen und häufig niemand korrigierend auf die Arbeitszeiten einwirkt" (Landes et al. 2020: 51). Dem Vorteil einer besseren Vereinbarkeit von Familie und Beruf/Dienst auf der einen Seite steht also der Nachteil von Entgrenzung im Sinne von Nicht-Abschalten-Können gegenüber. Für die Studie im BMVg leiten sich daraus als Arbeitshypothesen ab:

H5: Führungskräfte ebenso wie die Angehörigen des BMVg insgesamt sehen vor allem die positiven Aspekte des ortsunabhängigen Arbeitens in Hinblick auf die Vereinbarkeit von Familie und Beruf/Dienst.

H6: Teile der Belegschaft haben eher im ortsunabhängigen Arbeiten als an ihrem Büroarbeitsplatz Schwierigkeiten, ihre Tätigkeit und ihre Aufträge in der regelmäßigen Arbeitszeit zu erledigen.

Die Corona-Pandemie kann als organisationales Lernlabor für die zukünftige Gestaltung von zunehmend hybriden Arbeitsformen bezeichnet werden. So ergab bereits zu Beginn der Krise die Auswertung der Antworten der HR-Experten aus der IAO-Studie: „Überwältigende 56 Prozent (‚stimme voll und ganz zu') bzw. 33 Prozent (‚stimme eher zu') kommen zu der Einschätzung, dass Home Office in größerem Umfang realisiert werden kann, ohne dass hieraus Nachteile entstehen" (Hofmann et al. 2020: 10). Darüber hinaus geht die Mehrheit der HR-Experten davon aus, dass die Forderung der Mitarbeitenden nach Homeoffice in Zukunft stark zunehmen werde: 39 Prozent stimmen einem entsprechenden Item „voll und ganz zu" und 42 Prozent stimmen „eher zu" (ebd.: 11). Daraus folgen für das Verteidigungsministerium weitere Arbeitshypothesen:

H7: Die Mehrheit der Angehörigen des BMVg ist der Ansicht, dass ihr Arbeitsbereich grundsätzlich für ortsunabhängiges Arbeiten geeignet ist.

H8: Von vielen Angehörigen des BMVg wird der Wunsch nach einer Ausweitung der bereits bestehenden Möglichkeiten für zeit- und ortsflexibles Arbeiten artikuliert.

Nach einer Darlegung des methodischen Designs der Studie (Abschnitt 3) werden die Befragungsergebnisse präsentiert (Abschnitt 4). Die Zusammenfassung der Ergebnisse erfolgt entlang der acht Arbeitshypothesen (Abschnitt 5). Zum Schluss werden fünf Empfehlungen in Hinblick auf den Umgang mit ortsunabhängigen Arbeiten im BMVg unterbreitet (Abschnitt 6).

3 Methodisches Design der Studie

Die Studie wurde durch eine standardisierte Online-Umfrage realisiert. Der standardisierte Fragebogen umfasste 18 inhaltliche Fragen mit zum Teil mehreren Items zur Thematik (vgl. Abschnitt 4). Hinzu kamen zehn Fragen zur Sozialdemografie (vgl. Tabelle A.1.1 bis Tabelle A.1.10 im Anhang 1) und eine Frage zur Qualitätssicherung der Umfrage (vgl. Tabelle A.2.1 im Anhang 2). Der Fragebogen konnte in der Regel innerhalb von weniger als 15 Minuten ausgefüllt werden. Die Befragung wurde vom Autor rein online mit der Software „SoSci Survey" über die Universität der Bundeswehr München (UniBw M) durchgeführt.

Der Befragungszeitraum erstreckte sich vom 04.10. bis 25.10.2022. Die Befragungsteilnehmerinnen und -teilnehmer wurden vom Büro der Beauftragten für die Vereinbarkeit von Familie und Beruf/Dienst in der Bundeswehr über Innenverteiler des BMVg angeschrieben. Auf der Startseite des Online-Fragebogens fanden sich ein Anschreiben des Autors und Informationen zum Datenschutz sowie zur ministeriellen Billigung der Umfrage. Am 18.10.2022 erfolgte eine Erinnerungsaktion über denselben Kommunikationskanal. Zur begleitenden Information wurde darüber hinaus in der Woche vor Beginn der Feldphase ein Artikel im Intranet der Bundeswehr (YNSIDE) mit einem Schreiben der Beauftragten für die Vereinbarkeit von Familie und Beruf/Dienst in der Bundeswehr geschaltet.

Zur Bewertung der Güte und Repräsentativität der Umfrage wird auf das Konzept von „Nonobservational Errors" im Modell des „Total Survey Errors" (vgl. Rothbart 2021; Snijkers/Meyermann 2017) rekurriert:

Der Abdeckungsgrad mit personenbezogenen, dienstlichen E-Mail-Adressen liegt im Verteidigungsministerium bei über 98 Prozent. Die Innenverteiler werden kontinuierlich gepflegt, sodass davon auszugehen ist, dass die Grundgesamtheit, d.h. alle Angehörigen des BMVg inklusive Abkommandierte und Abgeordnete, bis auf wenige Ausnahmen mit diesem Verfahren erreicht werden konnte. D.h., der sogenannte Auswahlfehler („Coverage Error"), der die Abweichung der Auswahlgesamtheit von der Grundgesamtheit misst, ist in dieser Studie gering. Der Stichprobenfehler („Sampling Error") kann in dieser Umfrage nicht auftreten, da eine Vollerhebung durchgeführt wurde.

Die Rücklaufquote beträgt 53,3 Prozent. Die Sozialdemografie der Umfrage stimmt in hohem Maße mit derjenigen der Grundgesamtheit überein (vgl. Anhang 1). D.h., der sogenannte Ausfallfehler („Nonresponse Error"), der die Qualität einer Umfrage dann verringert, wenn zu wenige der Angeschriebenen antworten und/oder die Nettostichprobe in

Hinblick auf sozialdemografische Faktoren die Grundgesamtheit nicht abbildet, ist ebenfalls als gering anzusetzen.

Zusammen mit dem durchweg positiven Feedback der Teilnehmenden zur Umfrage (vgl. Qualitätssicherung in Anhang 2) ergibt sich eine hohe Güte und Repräsentativität und somit eine starke Belastbarkeit der Befunde dieser ZMSBw-Umfragestudie.

4 Ergebnisse und Analysen

4.1 Umfang des ortsunabhängigen Arbeitens

Ortsunabhängiges Arbeiten ist heute eine weitverbreitete Form des Arbeitens im BMVg (vgl. Tabelle 4.1.1). Zwei Drittel (66,2 Prozent) der Beschäftigten arbeiten heute zwei oder mehr Tage die Woche ortsunabhängig. Vor 2020 ergab sich ein konträres Bild: Fast zwei Drittel (61,9 Prozent) haben ihren Dienst ausschließlich im Büro im BMVg versehen. Die Corona-Pandemie hat offenbar nicht nur in Zeiten des Lockdowns, sondern darüber hinaus eine fundamentale Veränderung der Arbeitsformen im Ministerium bewirkt.

Tabelle 4.1.1: Umfang des ortsunabhängigen Arbeitens im zeitlichen Vergleich

a) Unter „ortsunabhängigem Arbeiten“ wird im Folgenden Telearbeit oder mobiles Arbeiten II, d.h. Arbeiten von zu Hause oder einem anderen geeigneten Ort aus, und nicht Arbeiten im Büro im BMVg verstanden. An wie vielen Tagen arbeiten Sie aktuell durchschnittlich ortsunabhängig? b) An wie vielen Tagen arbeiteten Sie vor der Corona-Pandemie durchschnittlich ortsunabhängig?	Anteile des durchschnittlichen ortsunabhängigen Arbeitens a) aktuell	 b) vor Corona
Nie	6,1	61,9
An 1 Tag im Monat und seltener	7,2	10,6
An 2 bis 3 Tagen im Monat	10,6	6,3
An 1 Tag pro Woche	9,9	5,9
An 2 Tagen pro Woche	26,7	9,6
An 3 Tagen pro Woche	20,0	3,3
An 4 Tagen pro Woche	13,1	1,3
An 5 Tagen pro Woche	6,4	1,1

Anmerkungen: Angaben in Prozent. Einzelne Prozentangaben ergeben mitunter in der Summe nicht 100 Prozent, da sie gerundet wurden.

Datenbasis: ZMSBw-Umfrage zum ortsunabhängigen Arbeiten im BMVg.

In Tabelle 4.1.2 ist der Umfang des ortsunabhängigen Arbeitens nach den Variablen „Führungsverantwortung“ und „Status (militärisch/zivil)“ differenziert. Die Frage nach der Führungsverantwortung lautete: „Haben Sie Führungsverantwortung (z.B. als Teamleiter/-leiterin, Referatsleiter/-leiterin usw.)?“ Sie wurde von 16,6 Prozent der Befragten bejaht und von 83,4 Prozent verneint.

Es zeigt sich, dass ortsunabhängiges Arbeiten unter Führungskräften weniger verbreitet ist als bei Beschäftigten im BMVg ohne Führungsverantwortung: Während nur 47,5 Prozent der Führungskräfte im Durchschnitt mindestens an zwei Tagen pro Woche ortsunabhängig arbeiten, sind es bei den anderen Beschäftigten 70,5 Prozent. Zudem ist ortsunabhängiges Arbeiten im zivilen Personalkörper stärker verbreitet als im militärischen:

Während nur 53,3 Prozent der Soldatinnen und Soldaten im Durchschnitt mindestens an zwei Tagen in der Woche ortsunabhängig arbeiten, sind es bei den zivilen Beschäftigten 74,6 Prozent.

Tabelle 4.1.2: Umfang des aktuellen ortsunabhängigen Arbeitens nach Führungsverantwortung und Status

Unter „ortsunabhängigem Arbeiten“ wird im Folgenden Telearbeit oder mobiles Arbeiten II, d.h. Arbeiten von zu Hause oder einem anderen geeigneten Ort aus, und nicht Arbeiten im Büro im BMVg verstanden. An wie vielen Tagen arbeiten Sie aktuell durchschnittlich ortsunabhängig?	Anteil durchschnittliches ortsunabhängiges Arbeiten			
	Mit Führungs-verantwortung	Ohne Führungs-verantwortung	Militärisches Personal	Ziviles Personal
Nie	6,3	5,6	5,0	6,1
An 1 Tag im Monat und seltener	13,8	5,5	10,2	5,0
An 2 bis 3 Tagen im Monat	19,0	9,3	16,9	7,4
An 1 Tag pro Woche	13,4	9,1	14,4	6,8
An 2 Tagen pro Woche	23,4	27,7	26,8	26,9
An 3 Tagen pro Woche	12,0	21,6	16,6	22,2
An 4 Tagen pro Woche	6,3	14,5	6,5	17,5
An 5 Tagen pro Woche	5,2	6,7	3,4	8,0

Anmerkungen: Angaben in Prozent. Einzelne Prozentangaben ergeben mitunter in der Summe nicht 100 Prozent, da sie gerundet wurden.

Datenbasis: ZMSBw-Umfrage zum ortsunabhängigen Arbeiten im BMVg.

Um die Effekte mehrerer sozialdemografischer Merkmale gleichzeitig prüfen zu können, wurde eine multivariate Regression gerechnet. Dies hat gegenüber bivariaten Berechnungen wie in Tabelle 4.1.2 den Vorteil, dass die statistische Analyse um überlagernde Effekte bereinigt ist, die z.B. aus dem Umstand erwachsen, dass der Frauenanteil im zivilen Personalkörper höher ist als im militärischen. Die ordinale Variable „Umfang an ortsunabhängigem Arbeiten“ wird hierzu als näherungsweise metrisch definiert, was die Anwendung der Regressionsanalyse erlaubt.

Wie die Analyse in Tabelle 4.1.3 offenbart, besteht in Hinblick auf den durchschnittlichen Umfang von ortsunabhängigem Arbeiten kein signifikanter Geschlechterunterschied, d.h. diese Arbeitsform ist bei Männern genauso oft verbreitet wie bei Frauen. (Personen, die „divers“ angaben, können wegen der zu geringen Fallzahl nicht gesondert ausgewiesen werden.) Ebenso unabhängig ist das ortsunabhängige Arbeiten von einer Teilzeittätigkeit oder dem Wochenendpendeln. Demgegenüber korreliert der Umfang des ortsunabhängigen Arbeitens positiv mit zunehmendem Alter und – was schon die bivariate, noch nicht um überlagernde Effekte bereinigte, Auswertung in Tabelle 4.1.2 zeigte – mit dem zivilen Status. Führungskräfte arbeiten der Analyse zufolge signifikant seltener ortsunabhängig als die anderen Angehörigen des BMVg. Örtliche Gegebenheiten spielen darüber hinaus eine Rolle: Das ortsunabhängige Arbeiten ist am Dienstsitz Bonn etwas häufiger vorzufinden als am Dienstsitz Berlin und es wird von denjenigen häufiger in Anspruch genommen, die einen längeren täglichen Weg zu ihrem Büroarbeitsplatz im BMVg haben.

Tabelle 4.1.3: Multivariate Regression zum aktuellen Umfang des ortsunabhängigen Arbeitens

	Umfang des ortsunabhängigen Arbeitens	
Variablen	Beta	Signifikanz
Geschlecht (weiblich = 1)	–	n.s.
Alter	0,089	***
Status (zivil = 1)	0,196	***
Teilzeit (ja = 1)	–	n.s.
Wochenendpendler (ja = 1)	–	n.s.
Dienstsitz (Berlin = 1)	-0,094	***
Führungsverantwortung (ja = 1)	-0,162	***
Dauer tägliche Anfahrt (in Minuten)	0,172	***
Korrigiertes R^2	0,112	

Anmerkungen: Signifikanzniveau: *** p < 0,001; ** p < 0,01; * p < 0,05; n.s. = nicht signifikant.
Das Vorzeichen der Kennzahl Beta gibt die Richtung des Effektes an.

Datenbasis: ZMSBw-Umfrage zum ortsunabhängigen Arbeiten im BMVg.

Neben der häufigeren Arbeitsform des mobilen Arbeitens II verfügen 19,3 Prozent der Befragten über einen Telearbeitsplatz. Telearbeit war vor der Corona-Krise die Standardform für ortsunabhängiges Arbeiten. Tabelle 4.1.4 gibt den durchschnittlichen Umfang von Telearbeit im BMVg heute wieder.

Tabelle 4.1.4: Umfang von Telearbeit

Wie viele Tage Telearbeit umfasst Ihre aktuelle Telearbeitsvereinbarung?	Anteil
1 Tag pro Woche	6,5
2 Tage pro Woche	53,9
3 Tage pro Woche	25,1
4 Tage pro Woche	3,4
5 Tage pro Woche	2,8
Arbeit im wöchentlichen Wechsel	2,5
Sonstige Regelung	5,9

Anmerkungen: Angaben in Prozent. Einzelne Prozentangaben ergeben mitunter in der Summe nicht 100 Prozent, da sie gerundet wurden. Berücksichtigt werden nur die 19,3 Prozent aller Befragten, die in Telearbeit sind.

Datenbasis: ZMSBw-Umfrage zum ortsunabhängigen Arbeiten im BMVg.

Vorherrschend sind Telearbeitsregelungen von zwei oder drei Tagen pro Woche. Zusammengenommen gilt dies für 79,0 Prozent der aktuell bestehenden Vereinbarungen. Alle anderen Regelungen sind eher selten anzutreffen.

Für die Darstellung in Tabelle 4.1.5 wurde analysiert, von welchen Basisfaktoren die Wahrscheinlichkeit für eine Telearbeitsvereinbarung abhängt. In der binärlogistischen Regression werden hierzu zwei Gruppen, d.h. Mitarbeiterinnen und Mitarbeiter mit und solche ohne Telearbeitsvereinbarung, kontrastiert.

Tabelle 4.1.5: Binärlogistische Regression zur Telearbeitsvereinbarung

	Telearbeitsvereinbarung (ja = 1)	
Variablen	B	Signifikanz
Geschlecht (weiblich = 1)	0,476	**
Alter	0,218	**
Status (zivil = 1)	0,836	***
Teilzeit (ja = 1)	0,668	**
Wochenendpendler (ja = 1)	-0,457	*
Dienstsitz (Berlin = 1)	–	n.s.
Führungsverantwortung (ja = 1)	–	n.s.
Dauer tägliche Anfahrt (in Minuten)	0,062	***
Nagelkerkes R^2	0,126	

Anmerkungen: Signifikanzniveau: *** p < 0,001; ** p < 0,01; * p < 0,05; n.s. = nicht signifikant.
Das Vorzeichen der Kennzahl B gibt die Richtung des Effektes an.

Datenbasis: ZMSBw-Umfrage zum ortsunabhängigen Arbeiten im BMVg.

Das Ergebnis der Regressionsanalyse ist: Telearbeit ...

- ist unter Frauen stärker verbreitet als unter Männern,
- wird häufiger von älteren als von jüngeren Mitarbeiterinnen und Mitarbeitern ausgeübt,
- ist im zivilen Personalkörper häufiger anzutreffen als im militärischen,
- ist dann häufiger, wenn eine Teilzeitvereinbarung besteht,
- ist unter Wochenendpendlern seltener verbreitet und
- korreliert positiv mit der Dauer des täglichen Arbeitsweges.

Keinen statistisch nachweisbaren Effekt hat der Dienstsitz. Zwar ist ortsunabhängiges Arbeiten im Allgemeinen, wie oben gezeigt wurde, unter Führungskräften weniger stark verbreitet, jedoch wirkt sich dies nicht signifikant auf die Wahrscheinlichkeit einer Telearbeitsvereinbarung aus.

4.2 Arbeiten im Büro und ortsunabhängig im Vergleich

Die Befragungsdaten erlauben grundlegende Aussagen über die Auswirkungen der durch die Corona-Pandemie ausgelösten Verschiebung von Büroarbeit hin zu Remote Work. Entscheidend sind dabei aus arbeitsökonomischer Sicht Effektivitäts- und Effizienzkriterien: Wie gut gelingt es den Mitarbeiterinnen und Mitarbeitern grundsätzlich, ihre dienstlichen Tätigkeiten und Arbeitsaufträge im Rahmen der geregelten Wochenstunden zu erledigen, wenn sie im Büro im BMVg bzw. ortsunabhängig arbeiten? Gibt es hier Unterschiede in den Bewertungen der beiden Arbeitsformen? Eine Antwort hierauf gibt Tabelle 4.2.1.

Die Frage nach dem Gelingen der Arbeit im Büro im BMVg konnten alle Befragten sinnvoll beantworten. Hingegen konnten die Frage nach dem Gelingen bei ortsunabhängigem Arbeiten nur diejenigen sinnvoll beantworten, die eine solche Erfahrung auch tatsächlich gemacht haben, selbst wenn im Einzelfall die Bewertung auf nur wenigen durchschnittlichen Tagen von Homeoffice im Monat beruht. Diejenigen, die angaben, dass sie nie ortsunabhängig arbeiten, wurden entsprechend schon im Fragebogen gefiltert und finden sich in der Gegenüberstellung in Tabelle 4.2.1 nicht wieder.

Tabelle 4.2.1: Gelingen der Arbeit im Büro versus ortsunabhängig

a) Wie gut gelingt es Ihnen grundsätzlich, Ihre dienstlichen Tätigkeiten und Arbeitsaufträge im Rahmen der geregelten Wochenstunden zu erledigen, wenn Sie im Büro im BMVg sind? b) Wie gut gelingt es Ihnen grundsätzlich, Ihre dienstlichen Tätigkeiten und Arbeitsaufträge im Rahmen der geregelten Wochenstunden zu erledigen, wenn Sie ortsunabhängig arbeiten?	Bewertungen	
	a) im Büro im BMVg	b) ortsunabhängig
Sehr gut	26,6	36,5
Gut	37,9	39,5
Teils/teils	26,4	17,0
Schlecht	6,3	4,4
Sehr schlecht	2,8	2,5

Anmerkungen: Angaben in Prozent. Einzelne Prozentangaben ergeben mitunter in der Summe nicht 100 Prozent, da sie gerundet wurden.

Datenbasis: ZMSBw-Umfrage zum ortsunabhängigen Arbeiten im BMVg.

Es zeichnet sich ein klarer Trend ab: Während 64,5 Prozent der Befragten der Ansicht sind, dass ihnen ihre dienstlichen Tätigkeiten und Arbeitsaufträge im Rahmen der geregelten Wochenstunden im Büro im BMVg sehr gut oder gut gelingen, sind demgegenüber 76,0 Prozent der Ansicht, dass dies ortsunabhängig der Fall ist – soweit die Betrachtung auf Aggregatebene, die im Ergebnis somit einen komparativen Vorteil der ortsunabhängigen im Vergleich zur klassischen Büroarbeit identifiziert.

Wem gelingt es, seine dienstlichen Tätigkeiten und Arbeitsaufträge im Rahmen der geregelten Wochenstunden zu erledigen? Hierzu wurden mit den vorhandenen Basisindikatoren multivariate Regressionen gerechnet. In Tabelle 4.2.2 sind die Ergebnisse der Analyse für alle Befragten aufgelistet, in Tabelle 4.2.3 wiederum nur die derjenigen mit zumindest rudimentären Erfahrungen im ortsunabhängigen Arbeiten.

Tabelle 4.2.2: Multivariate Regression zum „Gelingen" im Büro im BMVg

	Gelingen im Büro	
Variablen	Beta	Signifikanz
Geschlecht (weiblich = 1)	–	n.s.
Alter	0,064	***
Status (zivil = 1)	0,117	***
Teilzeit (ja = 1)	–	n.s.
Wochenendpendler (ja = 1)	–	n.s.
Dienstsitz (Berlin = 1)	–	n.s.
Führungsverantwortung (ja = 1)	-0,187	***
Dauer tägliche Anfahrt (in Minuten)	–	n.s.
Korrigiertes R^2	0,038	

Anmerkungen: Signifikanzniveau: *** p < 0,001; ** p < 0,01; * p < 0,05; n.s. = nicht signifikant.
Das Vorzeichen der Kennzahl Beta gibt die Richtung des Effektes an.

Datenbasis: ZMSBw-Umfrage zum ortsunabhängigen Arbeiten im BMVg.

Tabelle 4.2.3: Multivariate Regression zum „Gelingen" in ortsunabhängiger Arbeit

	Gelingen in ortsunabhängiger Arbeit	
Variablen	Beta	Signifikanz
Geschlecht (weiblich = 1)	–	n.s.
Alter	0,040	**
Status (zivil = 1)	0,131	***
Teilzeit (ja = 1)	–	n.s.
Wochenendpendler (ja = 1)	–	n.s.
Dienstsitz (Berlin = 1)	–	n.s.
Führungsverantwortung (ja = 1)	-0,226	***
Dauer tägliche Anfahrt (in Minuten)	–	n.s.
Korrigiertes R^2	0,063	

Anmerkungen: Signifikanzniveau: *** p < 0,001; ** p < 0,01; * p < 0,05; n.s. = nicht signifikant.
Das Vorzeichen der Kennzahl Beta gibt die Richtung des Effektes an.

Datenbasis: ZMSBw-Umfrage zum ortsunabhängigen Arbeiten im BMVg.

Um das Ergebnis plakativ auszudrücken: Jüngeren, militärischen Führungskräften gelingt es sowohl im Büro als auch ortsunabhängig am wenigsten, ihre dienstlichen Tätigkeiten und Arbeitsaufträge im Rahmen der geregelten Wochenstunden zu erledigen, älteren, zivilen Beschäftigten ohne Führungsverantwortung gelingt dies am besten. Alle anderen betrachteten Aspekte (Geschlecht, Teilzeit, Wochenendpendeln, Dienstsitz und Anfahrtsdauer) haben keinen signifikanten Effekt auf das Gelingen, weder im Büro noch in ortsunabhängiger Arbeit.

Die einfache Korrelationsanalyse der beiden Variablen aus Tabelle 4.2.1 (Pearsons r = 0,547 ***) legt nahe, dass die Arbeitsform, also im Büro oder „remote", als solche nur eine untergeordnete Rolle bei der Frage nach dem Gelingen der Tätigkeiten und Aufträge spielt. Für Tabelle 4.2.4 wurde zum weiteren Verständnis deshalb eine vertiefende Analyse vorgenommen.

Tabelle 4.2.4: Detailanalyse Büroarbeit versus ortsunabhängiges Arbeiten

	Gelingen in ortsunabhängiger Arbeit				
Gelingen im Büro	Sehr gut	Gut	Teils/teils	Schlecht	Sehr schlecht
Sehr gut	19,6	4,5	2,0	0,1	0,4
Gut	9,9	24,8	2,8	0,4	0,1
Teils/teils	5,8	9,3	10,5	0,7	0,3
Schlecht	0,8	1,0	1,5	2,7	0,4
Sehr schlecht	0,5	0,1	0,3	0,6	1,3

Anmerkungen: Angaben in Prozent. Einzelne Prozentangaben ergeben mitunter in der Summe nicht 100 Prozent, da sie gerundet wurden.

Datenbasis: ZMSBw-Umfrage zum ortsunabhängigen Arbeiten im BMVg.

Auf der grau hinterlegten Diagonalen finden sich die „indifferenten Fälle", d.h. beispielsweise Beschäftigte, die ihre dienstlichen Tätigkeiten und Arbeitsaufträge im Rahmen der geregelten Wochenstunden sowohl ortsunabhängig als auch im Büro „gut" erledigen können. Dies sind, wie der Tabelle zu entnehmen ist, 24,8 Prozent des Gesamtsamples. In den Dreiecken über- und unterhalb der Diagonalen sind die „differenten Fälle" zu erkennen, für die der Arbeitsort offenbar einen Unterschied macht.

Zählt man die indifferenten Fälle zusammen, kommt man auf eine absolute Mehrheit von insgesamt 58,9 Prozent, d.h. der Ort der Arbeit spielt in Hinblick auf die Arbeitseffizienz im Vergleich zu anderen Faktoren offenbar eine eher untergeordnete Rolle. Diese anderen Faktoren, die in der vorliegenden Studie nicht erfasst wurden, dürften z.B. die Arbeitsbelastung, die zeitlichen Vorgaben für Aufträge, Vertretungen für Kolleginnen und Kollegen usw. sein. Sie bestimmen die Effizienz der Arbeit im hier gemeinten Sinne stärker als die Arbeitsform „Office" oder „Homeoffice".

Es lohnt auch ein genauerer Blick auf die Dreiecke über- und unterhalb der Diagonalen in Tabelle 4.2.4: 11,7 Prozent tendieren zu einem komparativen Vorteil des Arbeitens im Büro, 29,4 Prozent dagegen zu einem komparativen Vorteil des ortsunabhängigen Arbeitens. Für die meisten Befragten jedoch spielt der Arbeitsort, also im Büro, zu Hause oder an einem anderen geeigneten Ort, nicht die zentrale Rolle in Hinblick auf die Arbeitseffizienz. Wenn aber ein Unterschied berichtet wird, dann schneidet das ortsunabhängige Arbeiten im Vergleich zum Büro im BMVg besser ab.

Tabelle 4.2.5 kontrastiert das Arbeiten im Büro und das ortsunabhängige Arbeiten entlang ausgewählter arbeitsökonomischer und -soziologischer Aspekte. In die Analyse wurden nun wieder alle Beschäftigten, die an der Befragung teilgenommen hatten, einbezogen, auch wenn sie nicht über eigene Erfahrungen mit ortsunabhängigem Arbeiten verfügen.

Tabelle 4.2.5: Gegenüberstellung Büroarbeit und ortsunabhängiges Arbeiten

Wenn Sie das Arbeiten im Büro im BMVg und ortsunabhängiges Arbeiten vergleichen: Welcher Bereich schneidet entlang der unten aufgeführten Aspekte besser ab?	Bewertung		
	Das Büro im BMVg schneidet im Vergleich besser ab.	Hier gibt es kaum einen Unterschied.	Das ortsunabhängige Arbeiten schneidet im Vergleich besser ab.
a. Einhalten der täglichen Arbeitszeiten	19,1	59,5	21,4
b. Arbeitsproduktivität	14,2	49,2	36,6
c. Sorgfalt der Arbeitsergebnisse	7,7	73,5	18,8
d. Arbeitsbelastung	5,7	77,7	16,7
e. Zeitdruck bei der Arbeit	6,8	72,0	21,2
f. Entscheidungsspielraum	6,3	83,5	10,1
g. Vereinbarkeit von Familie und Dienst/Arbeit	1,5	8,5	90,0
h. Überwachung und Kontrolle der Arbeit	16,5	78,6	4,9
i. Flexible Zeiteinteilung	1,2	19,2	79,6

Anmerkungen: Angaben in Prozent. Einzelne Prozentangaben ergeben mitunter in der Summe nicht 100 Prozent, da sie gerundet wurden.

Datenbasis: ZMSBw-Umfrage zum ortsunabhängigen Arbeiten im BMVg.

Ein klares Meinungsbild ist bei den Aspekten g. und i. zu erkennen: Das ortsunabhängige Arbeiten schneidet gegenüber seinem Pendant bei Fragen der Vereinbarkeit von Familie und Dienst/Arbeit und in Hinblick auf eine flexible Zeiteinteilung eindeutig besser ab.

Keine klare Tendenz im Meinungsbild zeigt sich hingegen bei den Aspekten a. und f.: Bei der Frage nach dem Einhalten der täglichen Arbeitszeiten und in Hinblick auf Entscheidungsspielräume antwortet die Mehrheit indifferent und es gibt jeweils etwa gleich viele Befragte, die entweder beim ortsunabhängigen oder beim Arbeiten im Büro einen

Vorteil sehen. Interessant ist dabei die auffällige Polarisierung bei den Arbeitszeiten (a.): Jeweils ca. 20 Prozent sehen hier entweder das Büro oder das ortsunabhängige Arbeiten im Vorteil. Dies deutet auf sehr individuelle Umgangsweisen mit den unterschiedlichen Rahmenbedingungen der beiden Arbeitsformen hin, z.B. auf die bekannten Gefahren des Homeoffice, wenn Arbeits- und Freizeit nicht klar wie bei der klassischen Büroarbeit getrennt werden und zu verschwimmen drohen. Hiermit ist das Phänomen des „Work-Life-Blending" (Landes et al. 2020: 6) angesprochen. Auf der anderen Seite gelingt es einer Gruppe von Beschäftigten offenbar im Homeoffice besser, sich zu „fokussieren", wenn im Büroalltag im BMVg gewollte oder ungewollte Ablenkungen oder Zusatzaufgaben ein Einhalten der Arbeitszeiten erschweren.

Für das Homeoffice und gegen die Büroarbeit sprechen aus Sicht vieler Befragter eine tendenziell höhere Arbeitsproduktivität (b.) und eine größere Sorgfalt der Arbeitsergebnisse (c.). Diese komparativen Vorteile im Bereich der ökonomischen Effizienz werden flankiert durch eine höhere soziale Effizienz in Hinblick auf die Arbeitsbelastung (d.) und den Zeitdruck (e.). Bei allen vier Aspekten gilt es aber die Vorteile des ortsunabhängigen Arbeitens im Vergleich zum Büro nicht überzubewerten, da jeweils die meisten Befragten die Mittelposition wählen und weder der einen noch der anderen Arbeitsform klare ökonomische und soziale Effizienzvorteile zusprechen wollen.

Gleiches gilt für den Aspekt Überwachung und Kontrolle (h.). Die überwiegende Mehrheit kann hier keinen Unterschied zwischen den beiden Arbeitsformen identifizieren. Wenn ein Unterschied wahrgenommen wird, ist die Überwachung und Kontrolle der Arbeit im Büro im BMVg offenbar stärker als im Homeoffice.

Es lohnt sich, die Bewertungen der beiden Arbeitsformen für Führungskräfte und Angehörige des BMVg ohne Führungsverantwortung getrennt auszuweisen (vgl. Tabelle 4.2.6). Hierbei wurden für eine bessere Vergleichbarkeit nur die Mittelwerte berechnet, die wie folgt zu interpretieren sind: Liegt der Wert unter Null, dann hat das Büro im BMVg einen Vorteil, liegt er über Null, dann hat das ortsunabhängige Arbeiten einen Vorteil.

Die von den Mitarbeiterinnen und Mitarbeitern wahrgenommenen komparativen Vorteile des ortsunabhängigen Arbeitens in Hinblick auf ökonomische (b. und c.) und soziale Effizienzkriterien (a., d. und e.) werden von den Führungskräften relativiert. Insbesondere die Arbeitszeitthematik im Homeoffice (a.) wird von Vorgesetzten (vielleicht aus Fürsorgegründen?) deutlich kritischer eingeschätzt. Mitarbeitenden- und Vorgesetztenperspektive decken sich jedoch weitgehend bei den Themen Vereinbarkeit (g.) und flexible Zeiteinteilung (i.). Die Führungskräfte schätzen das Büro als Arbeitsort, da es ihnen eine größere Überwachung und Kontrolle der Arbeit ihrer Mitarbeiterinnen und Mitarbeiter ermöglicht (h.).

Führung von Mitarbeitenden im Homeoffice, allgemeiner: in neuen, zunehmend digitalisierten Arbeitswelten, erfordert auch neue Führungstechniken und -kompetenzen (vgl. Holenweger et al. 2022; Landes et al. 2020) und stellt zusätzliche Herausforderungen an den Führungsprozess und die Führungspersönlichkeit. Die Befragungsdaten der Umfrage im BMVg legen jedenfalls nahe, dass viele Vorgesetzte offenbar die physische Anwesenheit ihrer Mitarbeitenden vor Ort im Büro präferieren; die Ausübung von Führungsfunktionen, wie das Überwachen und das Kontrollieren von Arbeitsabläufen und -ergebnissen, sind aus ihrer Sicht auf diese Weise offenbar besser sicherzustellen.

Tabelle 4.2.6: Bewertungen von Führungskräften und von Nicht-Führungskräften im Vergleich

Wenn Sie das Arbeiten im Büro im BMVg und ortsunabhängiges Arbeiten vergleichen: Welcher Bereich schneidet entlang der unten aufgeführten Aspekte besser ab?	Bewertung		
	Alle Befragten	Führungskraft? Ja	Führungskraft? Nein
a. Einhalten der täglichen Arbeitszeiten***	0,02	-0,12	0,05
b. Arbeitsproduktivität***	0,22	0,01	0,27
c. Sorgfalt der Arbeitsergebnisse***	0,11	0,01	0,13
d. Arbeitsbelastung**	0,11	0,04	0,12
e. Zeitdruck bei der Arbeit*	0,14	0,09	0,16
f. Entscheidungsspielraum**	0,04	-0,03	0,05
g. Vereinbarkeit von Familie und Dienst/Arbeit**	0,89	0,82	0,90
h. Überwachung und Kontrolle der Arbeit***	-0,12	-0,29	-0,08
i. Flexible Zeiteinteilung (n.s.)	0,78	–	–

Anmerkungen: Angegeben sind Mittelwerte. Wertebereich [-1; 1]. -1 = Büro hat einen komparativen Vorteil; 0 = kein Unterschied; 1 = ortsunabhängiges Arbeiten hat einen komparativen Vorteil. Signifikanzniveau: *** p < 0,001; ** p < 0,01; * p < 0,05; n.s. = nicht signifikant.

Datenbasis: ZMSBw Umfrage zum ortsunabhängigen Arbeiten im BMVg.

Ein Gruppenvergleich zwischen militärischem und zivilem Personal kommt nur zu relativ geringen Unterschieden (vgl. Tabelle 4.2.7): Zivile Angehörige des BMVg bewerten die ökonomische Effizienz, d.h. die Arbeitsproduktivität (b.) und die Sorgfalt der Arbeitsergebnisse (c.), im Vergleich zu den militärischen Angehörigen in ortsunabhängiger Arbeit besser als in Büroarbeit. Bei den anderen sieben abgefragten Aspekten gibt es entweder keine oder nur sehr gering ausgeprägte Unterschiede.

Tabelle 4.2.7: Bewertungen von militärischen und zivilen Angehörigen des BMVg im Vergleich

Wenn Sie das Arbeiten im Büro im BMVg und ortsunabhängiges Arbeiten vergleichen: Welcher Bereich schneidet entlang der unten aufgeführten Aspekte besser ab?	Alle Befragten	Bewertung	
		Militärisches Personal	Ziviles Personal
a. Einhalten der täglichen Arbeitszeiten (n.s.)	0,02	–	–
b. Arbeitsproduktivität***	0,22	0,13	0,28
c. Sorgfalt der Arbeitsergebnisse**	0,11	0,06	0,14
d. Arbeitsbelastung (n.s.)	0,11	–	–
e. Zeitdruck bei der Arbeit*	0,14	0,11	0,16
f. Entscheidungsspielraum (n.s.)	0,04	–	–
g. Vereinbarkeit von Familie und Dienst/Arbeit (n.s.)	0,89	–	–
h. Überwachung und Kontrolle der Arbeit*	-0,12	-0,15	-0,10
i. Flexible Zeiteinteilung (n.s.)	0,78	–	–

Anmerkungen: Angegeben sind Mittelwerte. Wertebereich [-1; 1]. -1 = Büro hat einen komparativen Vorteil; 0 = kein Unterschied; 1 = ortsunabhängiges Arbeiten hat einen komparativen Vorteil. Signifikanzniveau: *** $p < 0{,}001$; ** $p < 0{,}01$; * $p < 0{,}05$; n.s. = nicht signifikant.

Datenbasis: ZMSBw-Umfrage zum ortsunabhängigen Arbeiten im BMVg.

4.3 Kommunikation und Kooperation

Die Erreichbarkeit während der üblichen Bürozeiten ist der Umfrage zufolge im Ministerium grundsätzlich sehr gut oder gut gewährleistet (vgl. Tabelle 4.3.1). Dabei spielt es so gut wie keine Rolle, ob die Kolleginnen und Kollegen, die Kameraden und Kameradinnen oder die Führungskräfte ortsunabhängig oder im Büro arbeiten. Allenfalls in der Selbstwahrnehmung geben die Beschäftigten an, dass sie bei ortsunabhängiger Tätigkeit besser zu erreichen seien als in ihrem Büro in Berlin oder Bonn.

Tabelle 4.3.1: Erreichbarkeit von Personengruppen ortsunabhängig versus Büro

Bitte geben Sie an, wie gut folgende Personengruppen während der üblichen Bürozeiten erreichbar sind.	Sehr gut	Gut	Teils/teils	Schlecht	Sehr schlecht
a. Meine Kollegen/Kolleginnen und meine Kameraden/Kameradinnen, die ortsunabhängig arbeiten.	38,3	43,6	15,1	2,5	0,5
b. Meine Kollegen/Kolleginnen und meine Kameraden/Kameradinnen, die im Büro im BMVg arbeiten.	39,8	48,7	11,0	0,4	0,1
c. Meine Vorgesetzte/Mein Vorgesetzter, wenn sie/er ortsunabhängig arbeitet.	41,7	42,9	12,7	2,2	0,6
d. Meine Vorgesetzte/Mein Vorgesetzter, wenn sie/er im Büro im BMVg arbeitet.	41,3	42,2	14,2	1,9	0,3
e. Ich selbst, wenn ich ortsunabhängig arbeite.	53,9	40,7	4,4	0,7	0,2
f. Ich selbst, wenn ich im Büro im BMVg arbeite.	47,2	43,7	8,7	0,4	0,0

Anmerkungen: Angaben in Prozent. Einzelne Prozentangaben ergeben mitunter in der Summe nicht 100 Prozent, da sie gerundet wurden.

Datenbasis: ZMSBw-Umfrage zum ortsunabhängigen Arbeiten im BMVg.

Zusätzlich wurden die Führungskräfte nach der Erreichbarkeit ihrer Mitarbeiterinnen und Mitarbeiter befragt (vgl. Tabelle 4.3.2). Aus ihrer Sicht ist die Erreichbarkeit grundsätzlich in beiden Arbeitsformen gewährleistet, auch wenn das ortsunabhängige Arbeiten etwas schlechter abschneidet. Hier zeigen sich erneut tendenzielle Vorbehalte unter den Führungskräften gegenüber dem ortsunabhängigen Arbeiten, wie sie bereits in Hinblick auf ökonomische Effizienzkriterien diagnostiziert werden konnten (vgl. Tabelle 4.2.6).

Tabelle 4.3.2: Erreichbarkeit der Mitarbeiterinnen und Mitarbeiter ortsunabhängig versus Büro

Bitte geben Sie an, wie gut Ihre Mitarbeiterinnen und Mitarbeiter (militärisch und zivil), für die Sie Führungsverantwortung haben, während der üblichen Bürozeiten erreichbar sind.	Gut	Eher gut	Teils/teils	Eher schlecht	Schlecht
a. Mitarbeiterinnen/Mitarbeiter, die gerade ortsunabhängig arbeiten.	53,7	27,9	13,6	4,0	0,7
b. Mitarbeiterinnen/Mitarbeiter, die gerade im Büro im BMVg arbeiten.	66,5	27,9	5,1	0,4	0,0

Anmerkungen: Angaben in Prozent. Einzelne Prozentangaben ergeben mitunter in der Summe nicht 100 Prozent, da sie gerundet wurden.

Datenbasis: ZMSBw-Umfrage zum ortsunabhängigen Arbeiten im BMVg.

Es wurde zudem gefragt, mit wie vielen Personen im Durchschnitt aus dienstlichem Anlass am Tag kommuniziert wird. Hintergrund ist die Befürchtung, dass es durch Homeoffice zu einer geringeren Kommunikationsdichte bis hin zu Vereinsamung am Arbeitsplatz zu Hause kommen kann (vgl. Landes et al. 2020: 13). Im Fall des Arbeitens im Büro liegt der Durchschnitt über alle Befragten hinweg bei 11,4 Personen, im Fall des ortsunabhängigen Arbeitens bei 10,1 Personen. Was den bloßen Umfang an Kommunikationspartnern betrifft, weisen die beiden Arbeitsformen also kaum einen Unterschied auf.

Die Korrelation der beiden Variablen, d.h. der angegebenen Anzahl an Kontakten in beiden Arbeitsformen, ist sehr hoch (Pearsons r = 0,794 ***). Das bedeutet, Angehörige des BMVg, die mit vielen Personen dienstlich kommunizieren (müssen), tun dies im Büro ebenso wie aus dem Homeoffice heraus. Analog gilt das für Personen mit wenigen dienstlichen Kontakten. Aussagen zu etwaigen Unterschieden zwischen den beiden Arbeitsformen in Hinblick auf Intensität und Qualität der Kommunikation erlauben die bloßen Zahlen über Kontakthäufigkeiten freilich nicht.

Die IT-Ausstattung im Büro im BMVg lässt bei so gut wie keiner Mitarbeiterin und keinem Mitarbeiter etwas zu wünschen übrig: Aus Sicht einer überwiegenden Mehrheit von 92,3 Prozent ist sie vollständig vorhanden (vgl. Tabelle 4.3.3). Kritischer wird jedoch die Ausstattung im Homeoffice bewertet: Ein Anteil von 19,3 Prozent („eingeschränkt vorhanden“ und „unzureichend vorhanden“ zusammengezählt) gibt an, dass er hier mindestens unter Einschränkungen arbeiten muss.

Tabelle 4.3.3: IT-Ausstattung ortsunabhängig und im BMVg

In welchem Umfang ist die für Ihre Arbeit erforderliche IT-technische Ausstattung vorhanden?	Vollständig vorhanden	Ausreichend vorhanden	Eingeschränkt vorhanden	Unzureichend vorhanden
a. Beim ortsunabhängigen Arbeiten (Telearbeit und/oder mobiles Arbeiten II)	39,6	41,1	16,7	2,6
b. Im Büro im BMVg	92,3	7,3	0,3	0,1

Anmerkungen: Angaben in Prozent. Einzelne Prozentangaben ergeben mitunter in der Summe nicht 100 Prozent, da sie gerundet wurden.

Datenbasis: ZMSBw-Umfrage zum ortsunabhängigen Arbeiten im BMVg.

Telearbeiterinnen und Telearbeiter verfügen (über ihre SINA-WS für mobiles Arbeiten hinaus) über eine gesonderte IT-Ausstattung zu Hause. Diese reicht offenbar in den allermeisten Fällen aus, um die Aufgaben zu erfüllen (vgl. Tabelle 4.3.4): Nur 3,9 Prozent arbeiten hier ihren eigenen Angaben zufolge unter Einschränkungen.

Die Standardausstattung ist den Befragungsergebnissen zufolge für das ortsunabhängige Arbeiten jedoch weniger gut geeignet als die gesonderte IT-Ausstattung für Telearbeit: Ein Anteil von 23,0 Prozent („eingeschränkt vorhanden" und „unzureichend vorhanden" zusammengezählt), der keine Telearbeitsausstattung hat, gibt an, dass er hier mindestens unter Einschränkungen arbeiten muss.

Tabelle 4.3.4: IT-Ausstattung ortsunabhängig nach Telearbeit nein/ja

In welchem Umfang ist die für Ihre Arbeit erforderliche IT-technische Ausstattung vorhanden? Nur: beim ortsunabhängigen Arbeiten (Telearbeit und/ oder mobiles Arbeiten II)	Vollständig vorhanden	Ausreichend vorhanden	Eingeschränkt vorhanden	Unzureichend vorhanden
Telearbeit: nein	31,4	45,7	19,8	3,2
Telearbeit: ja	74,1	22,0	3,9	0,0

Anmerkungen: Angaben in Prozent. Einzelne Prozentangaben ergeben mitunter in der Summe nicht 100 Prozent, da sie gerundet wurden.

Datenbasis: ZMSBw-Umfrage zum ortsunabhängigen Arbeiten im BMVg.

Interessant ist die Prüfung, ob die IT-Ausstattung einen Einfluss auf die Effizienz des ortsunabhängigen Arbeitens hat. Hierzu wurde die Korrelation zwischen der Bewertung der IT-Ausstattung bei ortsunabhängiger Arbeit (vgl. Tabelle 4.3.3, Item a.) und der Frage, „Wie gut gelingt es Ihnen grundsätzlich, Ihre dienstlichen Tätigkeiten und Arbeitsaufträge im Rahmen der geregelten Wochenstunden zu erledigen, wenn Sie ortsunabhängig arbeiten?", (vgl. Tabelle 4.2.1, Frage b)) berechnet. Der entsprechende Korrelationskoeffizient (Kendalls Tau b = 0,194 ***) bestätigt einen statistisch signifikanten

Zusammenhang, d.h. die Qualität und der Umfang der IT-Ausstattung beim ortsunabhängigen Arbeiten, ob mit oder ohne Telearbeitsausstattung, trägt dazu bei, dass man seine Tätigkeit und seine Aufträge zu Hause in der dafür vorgesehenen Zeit erledigen kann.

Tabelle 4.3.5 ist zu entnehmen, welche Kommunikationsmittel in welchem Umfang in den beiden Arbeitsformen verwendet werden. Die Nutzungshäufigkeit von Videokonferenzen kommt im Büro im BMVg etwa genauso häufig vor wie bei der ortsunabhängigen Arbeit. Über 40 Prozent der Angehörigen im BMVg verfügen im Homeoffice nicht über ein dienstliches Telefon, sodass dort offenbar auf Telefonie mit „Cisco Jabber" ausgewichen wird.

Tabelle 4.3.5: Nutzung von Kommunikationsmitteln

Wie oft nutzen Sie folgende Kommunikationsmittel,	Nutzungshäufigkeit				
	Mehrmals am Tag	Etwa einmal am Tag	Mehrmals in der Woche	Einmal die Woche und weniger	Nicht vorhanden
... wenn Sie im Büro im BMVg arbeiten?					
Dienstliches Telefon	89,0	2,6	3,1	3,5	1,9
Telefonie mit Cisco Jabber	41,4	4,9	9,5	38,6	5,6
Videokonferenz (Webex, Zoom usw.)	12,6	18,2	34,7	32,9	1,6
... wenn Sie ortsunabhängig arbeiten?					
Dienstliches Telefon	42,1	2,7	4,7	9,3	41,2
Telefonie mit Cisco Jabber	59,6	4,4	7,3	23,8	4,9
Videokonferenz (Webex, Zoom usw.)	17,4	17,3	35,1	27,8	2,4

Anmerkungen: Angaben in Prozent. Einzelne Prozentangaben ergeben mitunter in der Summe nicht 100 Prozent, da sie gerundet wurden.

Datenbasis: ZMSBw-Umfrage zum ortsunabhängigen Arbeiten im BMVg.

4.4 Zukunft des ortsunabhängigen Arbeitens

Die überwiegende Mehrheit von 82,6 Prozent der Angehörigen des BMVg ist der Ansicht, dass ortsunabhängiges Arbeiten in ihrem persönlichen Aufgabenbereich grundsätzlich sehr gut oder gut möglich ist (vgl. Tabelle 4.4.1). Nur für eine Minderheit von 5,0 Prozent ist diese Arbeitsform sehr schlecht oder schlecht geeignet. In der Mehrzahl sind Arbeitsplätze in Ministerien heute Büroarbeitsplätze und basieren zu einem Großteil auf Informations- und Kommunikationstechnologie, die auch von einem anderen Ort aus, also ortsunabhängig, eingesetzt werden kann, sofern die technischen und organisatorischen Voraussetzungen hierfür vorhanden sind (Hardware, Software, WLAN, LAN, Zugang zu Laufwerken und Kommunikationsplattformen, Videokonferenzen usw.).

Tabelle 4.4.1: Geeignetheit des ortsunabhängigen Arbeitens im persönlichen Aufgabenbereich

Bitte geben Sie an, wie gut ortsunabhängiges Arbeiten in Ihrem persönlichen Aufgabenbereich grundsätzlich möglich ist?	Anteil
Sehr gut	54,9
Gut	27,7
Teils/teils	12,4
Schlecht	2,8
Sehr schlecht	2,2

Anmerkungen: Angaben in Prozent. Einzelne Prozentangaben ergeben mitunter in der Summe nicht 100 Prozent, da sie gerundet wurden.

Datenbasis: ZMSBw-Umfrage zum ortsunabhängigen Arbeiten im BMVg.

Von sozialstrukturellen Faktoren wie Geschlecht, Alter, Status, Teilzeittätigkeit oder Wochenendpendeln ist diese Einschätzung über die Geeignetheit unabhängig (vgl. Tabelle 4.4.2). Allenfalls ist ortsunabhängiges Arbeiten den Selbstauskünften zufolge in Bonn eher möglich, im Falle von Aufgaben als Führungskraft eher weniger möglich und bietet sich offenbar immer dann an, wenn der tägliche Arbeitsweg länger dauert.

Die geringe Erklärungskraft des hierfür berechneten multivariaten Basismodells (Korrigiertes R^2 von 0,044) deutet jedoch darauf hin, dass die in der Studie abgefragten soziodemografischen Faktoren wenig zur Klärung der Frage des Für und Wider von ortsunabhängigem Arbeiten beitragen. Offenbar ist die Geeignetheit zeit- und ortsflexibler Arbeitsform vom konkreten Arbeitsbereich und dem Zuschnitt des Dienstpostens abhängig, was nur in dezidierten Arbeitsplatzanalysen und nicht mit aggregierten Daten aus Umfragen bewertet werden kann.

Tabelle 4.4.2: Multivariate Regression zur Geeignetheit des ortsunabhängigen Arbeitens im persönlichen Aufgabenbereich

Variablen	Geeignetheit des ortsunabhängigen Arbeitens im persönlichen Aufgabenbereich	
	Beta	Signifikanz
Geschlecht (weiblich = 1)	–	n.s.
Alter	–	n.s.
Status (zivil = 1)	–	n.s.
Teilzeit (ja = 1)	–	n.s.
Wochenendpendler (ja = 1)	–	n.s.
Dienstsitz (Berlin = 1)	-0,122	***
Führungsverantwortung (ja = 1)	-0,141	***
Dauer tägliche Anfahrt (in Minuten)	0,105	***
Korrigiertes R^2	0,044	

Anmerkungen: Signifikanzniveau: *** p < 0,001; ** p < 0,01; * p < 0,05; n.s. = nicht signifikant.
Das Vorzeichen der Kennzahl Beta gibt die Richtung des Effektes an.

Datenbasis: ZMSBw-Umfrage zum ortsunabhängigen Arbeiten im BMVg.

Die Angehörigen des BMVg wurden darüber hinaus sowohl nach ihren Wünschen zum ortsunabhängigen Arbeiten als auch nach ihren Erwartungen befragt (vgl. Tabelle 4.4.3). Erwartungen werden hier verstanden als Annahmen über das Eintreten von Ereignissen und Szenarien in der Zukunft, nicht als Erwartungen im Sinne des Wünschbaren und Erhofften.

Auf der Aggregatebene offenbart sich der Wunsch nach einer Ausweitung des Umfangs an ortsunabhängigem Arbeiten. Während zum Zeitpunkt der Befragung 66,2 Prozent der Befragten (vgl. Tabelle 4.1.1) zwei oder mehr Tage in der Woche ortsunabhängig arbeiten, äußern 85,6 Prozent die Hoffnung, dies in Zukunft realisieren zu können (vgl. Tabelle 4.4.3). Der Ist-Zustand deckt sich auf der Aggregatebene mit dem, was auch erwartet wird, d.h. 65,8 Prozent gehen in Zukunft von einem Umfang von ortsunabhängigem Arbeiten von zwei oder mehr Tagen die Woche aus.

Tabelle 4.4.3: Wunsch und Erwartung zum Umfang ortsunabhängigen Arbeitens in der Zukunft

a) An wie vielen Tagen würden Sie gerne in Zukunft durchschnittlich ortsunabhängig arbeiten, wenn Sie es sich aussuchen könnten? b) An wie vielen Tagen werden Sie aller Wahrscheinlichkeit nach in Zukunft durchschnittlich ortsunabhängig arbeiten?	Umfang ortsunabhängiges Arbeiten a) Wunsch	 b) Erwartung
Nie	1,9	6,1
An 1 Tag im Monat und seltener	0,9	4,1
An 2 bis 3 Tagen im Monat	4,3	12,2
An 1 Tag pro Woche	7,2	11,7
An 2 Tagen pro Woche	26,0	32,8
An 3 Tagen pro Woche	29,6	22,7
An 4 Tagen pro Woche	18,2	7,1
An 5 Tagen pro Woche	11,8	3,2

Anmerkungen: Angaben in Prozent. Einzelne Prozentangaben ergeben mitunter in der Summe nicht 100 Prozent, da sie gerundet wurden.

Datenbasis: ZMSBw-Umfrage zum ortsunabhängigen Arbeiten im BMVg.

Ob und inwieweit ein Match zwischen dem Ist-Zustand, dem Wunsch und der Erwartung auf der Individualebene zustande kommt, ist Gegenstand eines Aushandlungsprozesses über den Umfang des ortsunabhängigen Arbeitens, der zwischen der Mitarbeiterin oder dem Mitarbeiter auf der einen Seite und den Vorgesetzten und der Personalführung auf der anderen Seite erfolgt. Es war im Vorfeld der Studie davon auszugehen, dass aus Sicht eines Teils der Angehörigen des BMVg Anpassungsbedarf bei den eigenen Homeoffice-Vereinbarungen besteht. Generell zeigt die Korrelationsanalyse (vgl. Tabelle 4.4.4) jedoch, dass sich der vorgefundene Ist-Zustand auf der Aggregatebene oftmals mit der Wunschvorstellung deckt. Gleiches gilt für Wunsch und Erwartung an die zukünftige Gestaltung der Möglichkeiten des ortsunabhängigen Arbeitens.

Tabelle 4.4.4: Korrelation von Ist-Zustand, Wunsch und Erwartung zum Umfang des ortsunabhängigen Arbeitens

Kendalls Tau b	Umfang des ortsunabhängigen Arbeitens Ist-Zustand	 Wunsch	 Erwartung
Ist-Zustand	1	–	–
Wunsch	0,617***	1	–
Erwartung	0,756***	0,621***	1

Anmerkungen: Signifikanzniveau: *** p < 0,001; ** p < 0,01; * p < 0,05; n.s. = nicht signifikant.

Datenbasis: ZMSBw-Umfrage zum ortsunabhängigen Arbeiten im BMVg.

Aber auch hier lohnt eine Detailanalyse. In welchem Umfang besteht also aus Sicht der Beschäftigten im BMVg Anpassungsbedarf und in welche Richtung wird dieser artikuliert? Eine Antwort hierauf gibt Tabelle 4.4.5.

Tabelle 4.4.5: Detailanalyse Ist-Zustand versus Wunsch über Umfang des ortsunabhängigen Arbeitens

	Wunsch							
Ist-Zustand	Nie	An 1 Tag im Monat und seltener	An 2 bis 3 Tagen im Monat	An 1 Tag pro Woche	An 2 Tagen pro Woche	An 3 Tagen pro Woche	An 4 Tagen pro Woche	An 5 Tagen pro Woche
Nie	1,1	0,1	0,4	0,7	2,0	0,9	0,2	0,2
An 1 Tag im Monat und seltener	0,6	0,8	1,1	1,6	2,1	0,5	0,1	0,1
An 2 bis 3 Tagen im Monat	0,1	0,0	2,4	2,5	4,1	1,1	0,4	0,4
An 1 Tag pro Woche	0,1	0,0	0,1	1,8	5,9	1,7	0,2	0,1
An 2 Tagen pro Woche	0,0	0,1	0,2	0,3	10,0	11,4	3,0	1,7
An 3 Tagen pro Woche	0,1	0,0	0,1	0,2	1,1	11,2	5,4	2,1
An 4 Tagen pro Woche	0,0	0,0	0,0	0,0	0,4	2,4	8,1	2,4
An 5 Tagen pro Woche	0,0	0,0	0,0	0,0	0,4	0,5	0,9	4,6

Anmerkungen: Angaben in Prozent. Einzelne Prozentangaben ergeben mitunter in der Summe nicht 100 Prozent, da sie gerundet wurden.

Datenbasis: ZMSBw-Umfrage zum ortsunabhängigen Arbeiten im BMVg.

Von Konsistenz wird im Weiteren gesprochen, wenn z.B. eine Mitarbeiterin im BMVg aktuell an zwei Tagen pro Woche ortsunabhängig arbeitet und dies auch ihrem Wunsch entspricht. Konsistente Fälle, d.h. bei denen der Wunsch über den Umfang an ortsunabhängigem Arbeiten mit dem Ist-Zustand deckungsgleich ist, machen insgesamt 40,0 Prozent aller Fälle aus; sie sind auf der Diagonalen grau hinterlegt. Der Anteil an inkonsistenten Fällen beträgt insgesamt 60,0 Prozent und teilt sich auf die Dreiecke über- und unterhalb der Diagonalen auf.

Dabei zeichnet sich ein eindeutiger Trend ab: Der Anteil der Beschäftigten, die gerne häufiger ortsunabhängig arbeiten würden, liegt bei 52,4 Prozent, der Anteil derer, die gerne seltener als aktuell ortsunabhängig arbeiten möchten, liegt bei 7,6 Prozent. Mit anderen Worten: Mehr als jeder zweite Angehörige des BMVg sieht noch Spielraum nach oben, was den Umfang des Arbeitens von zu Hause oder einem anderen geeigneten Ort aus betrifft. Nur eine Minderheit möchte seltener ortsunabhängig arbeiten.

Zwar hat die Corona-Pandemie der Umfrage zufolge einen beträchtlichen Schub in Richtung Homeoffice gebracht, der auch über die Sondersituation von Lockdowns hinausreicht, für viele besteht aber weiterhin die Hoffnung auf „Endlich Homeoffice“ (Weigelt 2021) und einer Verstetigung bis hin zu einer noch stärkeren Nutzung dieser Arbeitsform in Zeiten einer voranschreitenden Digitalisierung von Arbeit 4.0. (zum Verständnis von Arbeit 4.0 siehe beispielsweise Hirsch-Kreinsen et al. 2018; Zink 2019).

5 Zusammenfassung

Die zentralen Ergebnisse der Umfrage lassen sich anhand der in Abschnitt 2 formulierten Arbeitshypothesen wie folgt zusammenfassen:

H1: Der Vergleich des zeitlichen Umfangs von ortsunabhängigem Arbeiten vor und nach Corona bestätigt, dass die Pandemie der herausstechende Treiber für die Verbreitung von zeitflexiblen und ortsunabhängigen Arbeitsformen auch im BMVg war. Vor Corona war für 61,9 Prozent ausschließlich das klassische Arbeiten im Büro im BMVg die Regel, heute arbeiten 66,2 Prozent der Beschäftigten zwei oder mehr Tage die Woche ortsunabhängig.

H2: Die Corona-Maßnahmen bis hin zu Lockdowns sind mittlerweile (Herbst 2022) weitgehend gelockert, Büroarbeit ist wieder fast ohne Auflagen möglich, Meetings finden wieder in Präsenz statt usw. Die anfangs aus der pandemischen Situation hervorgegangenen Veränderungen der Arbeitsformen haben sich – das zeigen die vorliegenden Daten – auch in die postpandemische Phase fortgeschrieben. Zeitweises ortsunabhängiges Arbeiten ist heute das „New Normal“ für fast alle zivilen und militärischen Beschäftigten im Verteidigungsressort.

H3: Die Hypothese, dass ein Unterschied im Umfang an Remote Work zwischen Führungskräften und Mitarbeitenden besteht, konnte bestätigt werden: Während nur 47,5 Prozent der Führungskräfte im Durchschnitt mindestens an zwei Tagen pro Woche ortsunabhängig arbeiten, sind es bei den Beschäftigten ohne Führungsverantwortung 70,5 Prozent.

H4: Es konnte gezeigt werden, dass die Führungskräfte das ortsunabhängige Arbeiten in Hinblick auf die ausgewählten arbeitsökonomischen und -soziologischen Bewertungsfaktoren kritischer beurteilen als die anderen Angehörigen des BMVg. Was die dienstliche Kommunikation angeht, offenbaren sich kaum Unterschiede in den Bewertungen von Büro- und Heimarbeitsplatz: Bei beiden Arbeitsformen ist die Erreichbarkeit überwiegend gewährleistet, wenn auch hier Führungskräfte vereinzelt Vorbehalte gegenüber dem Homeoffice äußern.

H5: In Hinblick auf die Vereinbarkeit von Familie und Beruf/Dienst sind sich Führungskräfte und Angehörige des BMVg ohne Führungsverantwortung weitgehend einig: Für 90,0 Prozent schneidet das ortsunabhängige Arbeiten im Vergleich zur Arbeit im Büro besser ab. Aus Sicht von 79,6 Prozent der Beschäftigten erlaubt eher das Homeoffice eine flexible Zeiteinteilung als die Tätigkeit im Büro.

H6: Das ortsflexible Arbeiten hat auch seine Schattenseiten. Zum Beispiel haben 19,1 Prozent der Belegschaft eher beim ortsunabhängigen Arbeiten als am Büroarbeitsplatz Schwierigkeiten, die Tätigkeiten und dienstlichen Aufträge in der regelmäßigen Arbeitszeit zu erledigen. Die anfangs formulierte Arbeitshypothese kann also gehalten werden.

H7: Die überwiegende Mehrheit von 82,6 Prozent der Angehörigen des BMVg ist der Ansicht, dass ihr Arbeitsbereich grundsätzlich für ortsunabhängiges Arbeiten geeignet ist, womit die entsprechende Arbeitshypothese bestätigt werden konnte. Die Einschätzung über den Arbeitsbereich ist von klassischen Kontrollvariablen wie dem Geschlecht, dem Alter oder einer Teilzeittätigkeit unabhängig. Im Einklang mit der festgestellten selteneren Nutzung von orts- und zeitflexiblen Arbeitsformen unter Führungskräften geben diese auch weniger häufig als ihre Mitarbeitenden an, dass sich ihr Verantwortungs- und Tätigkeitsbereich für Remote Work eignet.

H8: Bei 40,0 Prozent der Angehörigen des BMVg deckt sich heute schon der aktuelle Ist-Zustand mit dem artikulierten Wunsch über den zeitlichen Umfang von Homeoffice. Dennoch ist eine klare Tendenz hin zu einer Ausweitung der bestehenden Möglichkeiten für zeit- und ortsflexibles Arbeiten zu diagnostizieren: 52,4 Prozent der Angehörigen können sich eine Steigerung des zeitlichen Umfangs an Remote Work heute schon gut vorstellen. Der Anteil an Personen, die gerne weniger als aktuell ortsunabhängig arbeiten möchten, liegt hingegen bei nur 7,6 Prozent.

Der rapide Übergang von einer Office-Welt auf das „New Normal“ einer Homeoffice-Welt unterstreicht die „Temporalität“ (Elbe/Peters 2016) von Organisationen: Etablierte Handlungsmuster und Routinen, organisationale Normalitätsvorstellungen und angeblich unverrückbare Gegebenheiten können unter massivem Veränderungsdruck wie einer Pandemie höchst fluide werden. Dieser Wandel scheint, so das Fazit dieser Studie, auch die Arbeitsformen im Verteidigungsministerium nachhaltig beeinflusst zu haben.

6 Empfehlungen

Auf Basis der Studie lassen sich folgende Empfehlungen formulieren:

1. Grundsätzlich legen die Befragungsdaten nahe, dass das ortsunabhängige Arbeiten gegenüber dem Arbeiten im Büro keine Nachteile in Hinblick auf die Arbeitseffizienz aufweist. In der subjektiven Bewertung der Belegschaft ist es im Durchschnitt sogar tendenziell im Vorteil. Eine Steigerung der Arbeitseffizienz bei ortsunabhängigem Arbeiten wäre der Umfrage zufolge dennoch durch eine Verbesserung der Ausstattung mit Informations- und Kommunikationstechnologie erreichbar. Diese müsste mindestens auf das Niveau der Telearbeitsplätze angehoben werden, die bereits heute in der Regel an das Ausstattungsniveau im Büro heranreichen.

2. „Idealerweise hat das Unternehmen eine allgemeine Home Office-Vereinbarung" (Landes et al. 2020: 39). Der regulatorische Rahmen ist im BMVg durch die Vorschrift zu Telearbeit und mobilem Arbeiten bereits vorgegeben. Hier besteht bis auf eine kontinuierliche Überprüfung und ggf. Anpassung der Vorschrift kein Handlungsbedarf. Die Autorinnen und Autoren der IAO-Studie empfehlen darüber hinaus (Hofmann et al. 2020: 23): „Definieren Sie, bestmöglich unter Beteiligung Ihrer Mitarbeitenden und Führungskräfte, ihr Zukunftsbild von Arbeit Ihres Unternehmens. Wieviel Home Office, mobiles Arbeiten, Arbeit im Büro wollen Sie langfristig realisieren?" Die Befragung im BMVg kommt über viele Aspekte der ökonomischen und sozialen Effizienz hinweg zu dem Ergebnis, dass individuell angepasste Lösungen, die die Interessen einzelner Beschäftigter und die Anforderungen des Arbeitsplatzes und des Aufgabenfeldes austarieren, eher zum Ziel führen. Über die Vorschrift hinaus scheint demnach kein Bedarf an Zukunftsbildern, Leitlinien oder Zielbildern, selbst wenn sie partizipativ entwickelt werden, zu bestehen. Vielmehr sollten individuelle Vereinbarungen weiterhin im Zentrum der Bestimmung des Verhältnisses von „Office" und „Homeoffice" bleiben.

3. Individuelle Vereinbarungen müssen dennoch mit Umsicht getroffen werden: „Bei der Entscheidung, wer einen Home Office-Arbeitsplatz nutzen kann, ist [...] auf Transparenz der Kriterien zu achten" (Landes et al. 2020: 20). Auch wenn, wie gezeigt wurde, eine zeitliche Ausweitung des ortsunabhängigen Arbeitens auf der Wunschliste jedes und jeder zweiten Angehörigen des BMVg steht, wird nicht in jedem Einzelfall aus arbeitsorganisatorischen Gründen heraus Homeoffice möglich sein. Hier kann es schnell zu Enttäuschungen kommen und zu Gefühlen von ungerechter Behandlung, die in Arbeitsbeziehungen ohnehin vielfach vorkommen. Es wird

vor negativen Effekten (Unzufriedenheit, geringe Motivation usw.) bis hin zur inneren Kündigung gewarnt (vgl. ebd.: 21). Innere Kündigung wird in der Personalforschung verstanden als eine Reaktion auf den Bruch eines inneren Vertragsverhältnis zwischen Organisationsmitglied und Organisation (vgl. Richter 1999: 119). Hier dürfen also nicht Hoffnungen auf die „schöne neue Welt“ des Homeoffice geweckt werden, die dann von der Organisation nicht eingelöst werden und in Enttäuschungen, sprich innere Vertragsbrüche, münden. Dies spricht also auch gegen ein verschriftlichtes Zukunftsbild „Homeoffice“, wie es bereits unter Empfehlung 2 kritisch thematisiert wurde. Eine gerechte Zuordnung von Homeoffice im Team sollte aber in jedem Fall eine zentrale Aufgabe für Führungskräfte sein.

4. Führungskräfte sind mit der Wirklichkeit neuer orts- und zeitflexibler Arbeitsformen konfrontiert. Dabei stehen sie vor neuen Herausforderungen ihre eigenen Führungsstile und -techniken betreffend. Hierzu ein Beispiel: „Gerade bei Mitarbeitenden im Home Office ist es essentiell, gemeinsam klare Zielvereinbarungen zu treffen, regelmäßige Feedback-Gespräche zu führen und sich ausreichend Zeit für die Vorbereitung und Durchführung von Mitarbeiterjahresgesprächen zu nehmen“ (Landes et al. 2020: 30). Zielvereinbarungen sind Ausdruck eines partizipativen Führungsstils, der einer Untersuchung zufolge in der Bundeswehr weit verbreitet ist (vgl. Richter 2020: 258). Neben der Partizipationskultur erfordert gerade das Führen von Mitarbeitenden im ortsunabhängigen Arbeiten eine starke Feedbackkultur. Die Anforderungen an die Führungskräfte bei einer erfolgreichen Führung von Mitarbeitenden in den neuen hybriden Arbeitsformen gehen natürlich über diese exemplarischen Aspekte hinaus. Der Empfehlung der Fachliteratur, bei Bedarf Schulungen, Führungskräftetrainings und Fortbildungen in Anspruch zu nehmen (vgl. Landes et al. 2020: 53; Hofmann et al. 2020: 25), kann sich hier nur angeschlossen werden. Jedenfalls zeigt die Umfrage im BMVg, dass Führungskräfte nicht selten Vorbehalte gegenüber dem ortsunabhängigen Arbeiten, seien sie nun gerechtfertigt oder nicht, haben.

5. Auch wenn sich heute jede bzw. jeder Zweite eine zeitliche Ausweitung des Homeoffice wünscht, weist die Studie auch auf kritische Faktoren hin. Zu nennen wären Schwierigkeiten beim Führen auf Distanz, aber auch physische und psychische Belastungsfaktoren bei Teilen der Belegschaft, die durch ein Arbeiten von zu Hause aus entstehen können. Hier liegen auch die Limitationen der Studie. Etwaige Folgeuntersuchungen sollten Aspekten wie digitalem Stress, Homeoffice-Stress, individuellem Zeitmanagement bis hin zu sozialpräventiven und medizinischen Faktoren mehr Raum geben und die Fragestellung entlang arbeits- und organisationspsychologischer Faktoren erweitern (Hinweise hierzu finden sich z.B. bei BAuA 2020; Richter/Elbe 2021). In diese Richtung weist auch das gemischte Meinungsbild der Teilnehmenden

zur Frage, ob alle relevanten Aspekte des Themas berücksichtigt wurden (siehe Fragen zur Qualitätssicherung in Anhang A.2). Die Untersuchung zum ortsunabhängigen Arbeiten, allgemeiner: zu neuen Arbeitsformen, sollte deshalb in den nächsten Jahren im BMVg fortgeführt, um zusätzliche Fragestellungen erweitert und ggf. auf den Geschäftsbereich, d.h. geeignete Bereiche der Bundeswehr, ausgeweitet werden.

Literaturverzeichnis

BAuA–Bundesanstalt für Arbeitsschutz und Arbeitsmedizin (2020): Orts- und zeitflexibel arbeiten. Dortmund: Bundesanstalt für Arbeitsschutz und Arbeitsmedizin.

Elbe, Martin/Peters, Sibylle (2016): Die temporäre Organisation. Grundlagen der Kooperation, Gestaltung und Beratung. Berlin/Heidelberg: Springer Gabler.

Hirsch-Kreinsen, Hartmut/Ittermann, Peter/Niehaus, Jonathan (Hrsg.) (2018): Digitalisierung industrieller Arbeit. Die Vision Industrie 4.0 und ihre sozialen Herausforderungen. 2. Aufl. Baden-Baden: Nomos.

Hofmann, Josephine/Piele, Alexander/Piele, Christian (2020): Arbeiten in der Corona-Pandemie – Auf dem Weg zum New Normal. Hrsg. vom Fraunhofer-Institut für Arbeitswirtschaft und Organisation IAO. Stuttgart: Fraunhofer IAO.

Holenweger, Michael/Demont-Biaggi, Florian/von Felten, Sarah (2022): Führen in Zeiten der Digitalisierung. Zürich: Militärakademie (MILAK) an der ETH Zürich.

Landes, Miriam/Steiner, Eberhard/Wittmann, Ralf/Utz, Tatjana (2020): Führung von Mitarbeitenden im Home Office. Umgang mit dem Heimarbeitsplatz aus psychologischer und ökonomischer Perspektive. Wiesbaden: Springer Gabler.

Richter, Gregor (1999): Innere Kündigung. Modellentwicklung und empirische Befunde aus einer Untersuchung im Bereich der öffentlichen Verwaltung. In: Zeitschrift für Personalforschung, 13(2), 113–138.

Richter, Gregor (2020): „Gesunde Führung“ und ihr Beitrag zur Gesundheit der Streitkräfte. In: Elbe, Martin (Hrsg.): Die Gesundheit des Militärs. Baden-Baden: Nomos, 251–265.

Richter, Gregor/Elbe, Martin (2021): Digitalkultur im Geschäftsbereich des Bundesministeriums der Verteidigung. Ergebnisse der bundeswehrweiten Umfrage 2020. Forschungsbericht 130. Potsdam: Zentrum für Militärgeschichte und Sozialwissenschaften der Bundeswehr.

Rothbart, Chariklia (2021): Meinung oder Methode? Potenzielle Fehler in quantitativen Befragungen der Bundeswehr. In: Elbe, Martin/Biehl, Heiko/Steinbrecher, Markus (Hrsg.): Empirische Sozialforschung in den Streitkräften. Positionen, Erfahrungen, Kontroversen. Berlin: Berliner Wissenschafts-Verlag, 197–233.

Snijkers, Ger/Meyermann, Alexia (2017): Betriebs- und Unternehmenssurveys. In: Liebig, Stefan/Matiaske, Wenzel/Rosenbohm, Sophie (Hrsg.): Handbuch empirische Organisationsforschung. Wiesbaden: Springer Gabler, 241–272.

Weigelt, Julia (2021): Endlich Homeoffice. In: LOYAL, 9/2021, 26–31.

Zink, Klaus J. (Hrsg.) (2019): Arbeit und Organisation im digitalen Wandel. Baden-Baden: Nomos.

Anhang

A.1 Sozialdemografie

Laut einer Datenabfrage durch BMVg P I 1 vom 21.10.2022 waren 3.209 Personen im BMVg beschäftigt (inklusive zum BMVg kommandierter und abgeordneter Personen an beiden Dienstsitzen). An der Befragung nahmen 1.711 Personen teil. Dies entspricht einer Rücklaufquote von 53,3 Prozent. Aufgrund der Randverteilungen der Datenabfrage, die nach den Kategorien des Fragebogens erfolgte, ergibt sich folgender Vergleich zwischen der Sozialdemografie der Grundgesamtheit und der der erreichten Nettostichprobe.

Die Sozialdemografie im Fragebogen ist im Vergleich zu anderen Umfragen des ZMSBw verschlankt worden, da manche Kategorien (insbesondere bei Laufbahn- und Dienstgradgruppen) aufgrund der Besonderheiten der Personalstruktur des BMVg nicht oder fast nicht besetzt sind. Hiermit sollte gesichert sein, dass Rückschlüsse auf einzelne Personen nicht möglich sind und Anonymität gewährleistet wurde.

Tabelle A.1.1: Geschlecht

	Grundgesamtheit	Umfrage
Männlich	68,5	68,2
Weiblich	31,5	31,7
Divers	–	0,1

Anmerkungen: Angaben in Prozent.

Datenbasis: ZMSBw-Umfrage zum ortsunabhängigen Arbeiten im BMVg und Daten BMVg P I 1.

Tabelle A.1.2: Status

	Grundgesamtheit	Umfrage
Soldatin/Soldat	38,7	38,0
Zivile Mitarbeiterin/ ziviler Mitarbeiter	61,3	62,0

Anmerkungen: Angaben in Prozent.

Datenbasis: ZMSBw-Umfrage zum ortsunabhängigen Arbeiten im BMVg und Daten BMVg P I 1.

Tabelle A.1.3: Dienstsitz

	Grundgesamtheit	Umfrage
Berlin	51,8	48,7
Bonn	48,2	51,3

Anmerkungen: Angaben in Prozent.

Datenbasis: ZMSBw-Umfrage zum ortsunabhängigen Arbeiten im BMVg und Daten BMVg P I 1.

Tabelle A.1.4: Dienstgradgruppen militärisch

	Grundgesamtheit	Umfrage
Unteroffiziere und Mannschaften	14,6	14,5
Offiziere	15,0	17,5
Stabsoffiziere und Generale/Admirale	70,3	68,0

Anmerkungen: Angaben in Prozent. Einzelne Prozentangaben ergeben mitunter in der Summe nicht 100 Prozent, da sie gerundet wurden.

Datenbasis: ZMSBw-Umfrage zum ortsunabhängigen Arbeiten im BMVg und Daten BMVg P I 1.

Tabelle A.1.5: Statusgruppen zivil

	Grundgesamtheit	Umfrage
Beamtin/Beamter im Einfachen Dienst/Mittleren Dienst	12,8	12,1
Beamtin/Beamter im Gehobenen Dienst	21,7	28,6
Beamtin/Beamter oder Richterin/Richter im Höheren Dienst	43,5	44,2
Arbeitnehmerin/Arbeitnehmer Entgeltgruppe 1–9a	15,6	10,4
Arbeitnehmerin/Arbeitnehmer Entgeltgruppe 9b–12	3,3	2,4
Arbeitnehmerin/Arbeitnehmer Entgeltgruppe 13–15	2,9	2,3
Sonstige	0,2	0,1

Anmerkungen: Angaben in Prozent. Einzelne Prozentangaben ergeben mitunter in der Summe nicht 100 Prozent, da sie gerundet wurden.

Datenbasis: ZMSBw-Umfrage zum ortsunabhängigen Arbeiten im BMVg und Daten BMVg P I 1.

Für folgende Bereiche liegen nur die Auskünfte aus der Umfrage vor:

Tabelle A.1.6: Wochenendpendler

	Umfrage
Ja	25,2
Nein	74,8

Anmerkungen: Angaben in Prozent.

Datenbasis: ZMSBw-Umfrage zum ortsunabhängigen Arbeiten im BMVg.

Tabelle A.1.7: Trennungsgeld

	Umfrage
Ja, gemäß § 3 TGV (auswärtiges Verbleiben)	23,8
Ja, gemäß § 6 TGV (tägliche Rückkehr zum Wohnort)	14,4
Nein	61,8

Anmerkungen: Angaben in Prozent.

Datenbasis: ZMSBw-Umfrage zum ortsunabhängigen Arbeiten im BMVg.

Tabelle A.1.8: Teilzeit

	Umfrage
Ja	7,3
Nein	92,7

Anmerkungen: Angaben in Prozent.

Datenbasis: ZMSBw-Umfrage zum ortsunabhängigen Arbeiten im BMVg.

Tabelle A.1.9: Altersverteilung

	Umfrage
21 bis 30 Jahre	1,4
31 bis 40 Jahre	14,2
41 bis 50 Jahre	38,9
51 bis 60 Jahre	37,4
Über 60 Jahre	8,2

Anmerkungen: Angaben in Prozent. Einzelne Prozentangaben ergeben mitunter in der Summe nicht 100 Prozent, da sie gerundet wurden.

Datenbasis: ZMSBw-Umfrage zum ortsunabhängigen Arbeiten im BMVg.

Tabelle A.1.10: Weg zur Arbeit

Wie lange dauert in der Regel die Fahrt zwischen der Wohnung, in der Sie sich in der Regel unter der Woche befinden, und der Dienststelle? Drop-Down-Menü mit 5-Minuten-Schritten:	Prozentangaben	Kumulierte Prozentangaben
5	3,4	3,4
10	7,1	10,5
15	8,3	18,8
20	7,8	26,6
25	6,2	32,8
30	10,1	42,9
35	5,4	48,4
40	5,6	53,9
45	8,5	62,4
50	5,6	68,0
55	2,1	70,1
60	10,3	80,4
65	2,2	82,6
70	2,8	85,4
75	2,1	87,5
80	1,3	88,8
85	0,2	89,0
90	2,8	91,8
95	0,2	92,0
100	0,3	92,2
105	0,2	92,4
110	0,3	92,7
115	0,1	92,8
120 und mehr	7,2	100,0
Gesamt	100,0	–

Anmerkungen: Angaben in Prozent. Einzelne Prozentangaben ergeben mitunter in der Summe nicht 100 Prozent, da sie gerundet wurden.

Datenbasis: ZMSBw-Umfrage zum ortsunabhängigen Arbeiten im BMVg.

A.2 Qualitätssicherung und Rücklaufstatistik

Tabelle A.2.1: Bewertung der Umfrage

	Bitte beurteilen Sie abschließend den Fragebogen. Sehen Sie sich dazu die folgenden gegensätzlichen Aussagen an. Mit den Kästchen dazwischen können Sie Ihre Antwort abstufen.					
	1	2	3	4	5	
Die Themen sind wichtig.	68,5	21,6	6,4	2,2	1,3	Die Themen sind unwichtig.
Das Ausfüllen ist schwergefallen.	1,0	2,2	3,3	14,5	78,9	Das Ausfüllen ist leichtgefallen.
Das Ausfüllen hat kurz gedauert.	59,2	27,3	9,1	2,4	2,0	Das Ausfüllen hat lange gedauert.
Ich hatte keine Verständnisschwierigkeiten.	82,8	12,3	2,6	0,8	1,6	Ich hatte ziemliche Verständnisschwierigkeiten.
Ich würde nicht wieder an einer solchen Umfrage teilnehmen.	4,7	1,6	6,2	11,3	76,2	Ich würde wieder an einer solchen Umfrage teilnehmen.
Alle relevanten Aspekte des Themas wurden berücksichtigt.	25,7	36,0	25,8	9,0	3,5	Viele wichtige Aspekte des Themas wurden nicht berücksichtigt.
Mir ist grundsätzlich eine Online-Umfrage lieber.	86,2	6,3	5,8	0,3	1,4	Mir ist grundsätzlich eine schriftliche Umfrage in Papierform lieber.

Anmerkungen: Angaben in Prozent. Einzelne Prozentangaben ergeben mitunter in der Summe nicht 100 Prozent, da sie gerundet wurden.

Datenbasis: ZMSBw-Umfrage zum ortsunabhängigen Arbeiten im BMVg.

Tabelle A.2.2: Rücklaufstatistik

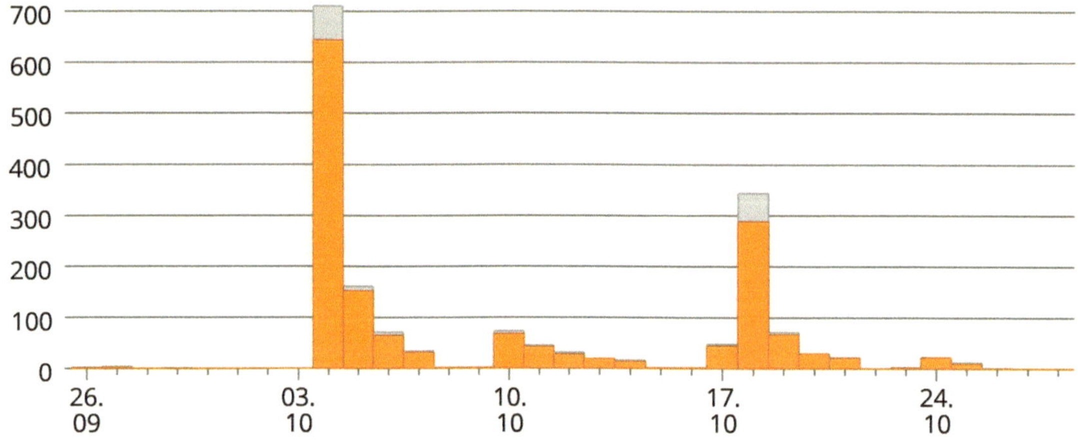

Anmerkungen: Angaben in absoluten Zahlen nach Datum des Eingangs. Orange: komplett abgeschlossene Fragebögen. Hellgrau: nicht komplett abgeschlossene Fragebögen.

Datenbasis: ZMSBw-Umfrage zum Ortsunabhängigen Arbeiten im BMVg.

Der Pretest des Fragebogens wurde vom 26.09. bis 29.09.2022 durchgeführt. Die Befragung lief im Zeitraum vom 04.10. bis 25.10.2022. Für die Datenauswertung wurden Rückläufer ab dem 04.10.2022 gezählt. Am 18.10.2022 wurde eine Erinnerungsaktion ausgelöst, die den Rücklauf merklich steigern konnte. Insgesamt wurde der Fragebogen 2.943 Mal angeklickt, 1.711 Personen haben den Fragebogen beantwortet, wobei 1.540 den Fragebogen komplett abgeschlossen haben. Die Anzahl der Klicks liegt merklich unterhalb der Grundgesamtheit, was bedeutet, dass zahlreiche Angehörige des BMVg während des gesamten Befragungszeitraums (wegen Krankheit, Urlaub, Lehrgang usw.) nicht erreichbar waren.